L'ORLÉANISME

ET

LA RÉVOLUTION

LETTRE A M. LE PRINCE HENRI D'ORLÉANS

Rien oublié, rien appris!

PARIS

E. DENTU, LIBRAIRE-ÉDITEUR

PALAIS-ROYAL, 13 ET 17, GALERIE D'ORLÉANS

1861

Si vous étiez un publiciste du commun, un de ces brochuriers vulgaires qui, en disant leur pensée, risquent fort d'aller apprendre en prison que toute vérité n'est pas bonne à imprimer ; un de ces pauvres hères qui n'ont d'autres ressources pour échapper à un emprisonnement plus ou moins long que d'aller en exil se débattre contre la terrible nécessité de chaque jour, je ne vous adresserais certainement pas cette lettre au moment où votre brochure vient d'être saisie, assez malheureusement suivant moi. Ce serait, en effet, manquer à cette courtoisie toute française, traditionnelle dans notre presse, et qui lui fait le plus grand honneur.

Mais il n'en est point ainsi : en publiant une brochure, vous ne courriez aucun risque, et il ne peut vous en advenir aucun mal. Si une condamnation devant un tribunal correctionnel venait à vous frapper, elle ne vous atteindrait pas, et ce serait même l'occasion de plaisanteries très-amusantes pour vos amis. Quant à l'exil fort respectable que vous subissez, il n'en saurait être aggravé ; c'est, au surplus, un exil assez commode où l'on a de brillants revenus, une petite cour et ses grandes entrées jusque dans les palais, exil de prince.

Et d'ailleurs cette saisie qui est venue arrêter la vente de votre brochure, n'est-elle point plutôt favorable que nuisible à son succès ? Pour le nier, il faudrait croire que le fruit défendu a perdu de son attrait, et ne pas savoir combien d'exemplaires d'une brochure se peuvent répandre dans le public quand une journée sépare la mise en vente de la saisie. Quant à moi, je le répète, je suis bien désolé de la mesure sévère dont vous avez été l'objet, et je la déplore, non pour vous, auquel elle donne bien gratuitement les palmes du martyre, mais pour les idées que vous fortifiez beaucoup en les combattant.

Il n'y aurait donc aucune générosité vraie à ne vous point répondre.

Est-ce, d'ailleurs, à M. le duc d'Aumale, à votre personne que je viens m'adresser? Non, certes. Vous n'êtes point, dans cette circonstance, une simple individualité, vous ne vous appelez pas tout bonnement Henri d'Orléans comme un autre s'appelle Gros-Pierre, vous êtes le représentant d'un parti, vous vous appelez l'Orléanisme.

C'est donc à l'homme de parti, non à l'homme que je m'adresse, ce qui vous promet de me voir éviter avec soin les personnalités.

I

N'est-ce pas, Prince, un progrès singulier, bien digne de notre attention, que de voir aujourd'hui les princes descendre dans l'arène de la polémique et y lancer discours et brochures comme de simples roturiers? C'est un signe du temps que cette nouveauté; car l'époque est encore proche de nous où vos ancêtres se piquaient de ne point mettre l'orthographe, et où tout bon gentilhomme se glorifiait de ne rien faire, comme le constatait Molière sans en être surpris.

Aujourd'hui, non-seulement les gentilshommes font quelque chose, mais sans les mercuriales de M. Dupin, Dieu sait dans quelles affaires ils se commettraient. Quant aux princes, non-seulement ils signent leurs noms, mais ils les mettent au bas de ces pamphlets qui se publiaient naguères dans les ténèbres.

Votre brochure est donc en elle-même et par le seul fait de son apparition, un bien éclatant hommage aux principes de 89, à cette révolution qui est venue si malheureusement interrompre cette longue suite de rois dont vous vous glorifiez d'être le descendant, mais qui a du moins eu le mérite d'apprendre le français à leurs honorables successeurs.

Or, voilà précisément ce qui me choque dans votre doctrine et ce que la France a mal compris; vous vous faites honneur d'une part d'être les héritiers de Louis XIV, et, d'autre part, vous vous dites les enfants de 89; vous conciliez tant bien que mal cette double origine par un ingénieux système de bascule; vous voulez être à la fois les continuateurs de Charlemagne et ceux de la Convention; de telle sorte qu'en résumé on ne sait qui l'on doit voir en vous du petit-fils d'Henri IV ou du petit-fils de Philippe-Égalité.

Ni révolution, ni réaction, ni droit divin, ni droit populaire, ni pouvoir absolu, ni liberté complète, vous êtes un amalgame de tout cela, et vous n'avez ni le courage de l'usurpation, ni le courage de la légitimité. Vous tendez la main à tous les partis, vous êtes tenté de dire comme Sosie : « Amis de tout le monde. » Aux uns, vous rappelez que vous êtes presque légitime ; vis-à-vis des autres, vous vous vantez de ne l'être point tout à fait.

Cette nature hybride vous rend merveilleusement propre à satisfaire cette portion du pays qui voudrait recueillir pour elle seule les bienfaits de la révolution ; qui, suivant une expression populaire, voudrait tirer l'échelle qui lui a servi à escalader le privilége. C'est elle qui vous a maintenu comme une transaction entre le passé où elle s'appelait le bourgeois gentilhomme et l'avenir où elle serait l'égale de Gros-Jean. C'est elle qui formait en majeure partie le pays légal qui gouvernait sous votre auguste père et qui est fondu désormais dans le suffrage universel.

Malheureusement, le pays a vu ce que valent et ce que produisent les transactions, et c'est des solutions qu'il veut maintenant. Il veut qu'on soit pour ou contre la révolution, et c'est sur le choix qu'on fait qu'il guide sa préférence.

Or, vous n'êtes point la contre-révolution, car la contre-révolution s'appelle *droit divin*, et elle n'a qu'un seul représentant, M. le comte de Chambord. Vainement direz-vous qu'il n'y a eu en France qu'une seule usurpation, celle de « l'élève de Brienne, » les légitimistes en comptent une autre qu'ils qualifient de trahison, celle du cousin de Charles X qui, délégué par lui pour sauver la couronne, l'a acceptée en 1830. Vous le savez mieux que personne, puisque c'est là ce qui a arrêté les tentatives de fusion entre la branche aînée et la branche cadette.

Vous n'êtes point non plus la révolution, car vous représentez votre neveu, M. le comte de Paris, comme l'héritier d'Henri IV et aussi de Louis XV, s'il vous plaît, pour ne rien oublier ; car, d'un autre côté, vous dissimulez mal vos sympathies pour l'ex-roi de Naples et pour le pouvoir temporel du Pape.

Choisissez donc une bonne fois entre vos ancêtres ; revendiquez Louis XVI ou Philippe-Égalité, car le peuple a appris en 1848 ce qu'il faut de souffle pour renverser votre fameuse bascule.

II

Mais si vous n'avez pas le courage d'être la révolution, vous avez du moins la prétention d'être la liberté. Vous reprochez avec vigueur au gouvernement actuel de ne pas être libéral, et vous déclarez que la France serait heureuse d'être sous l'empire de ces lois de septembre contre lesquelles on a tant crié et que vous n'approuvez point, je dois à la loyauté de le reconnaître.

Certes, je n'ai point l'intention de déclarer que la France jouit de la liberté que j'y voudrais voir régner ; je ne veux point dire que l'Empire réalise à cet égard les espérances de ses amis et ne mérite point les critiques de ses adversaires ; mais je voudrais constater que nous sommes plus prêts aujourd'hui qu'en 1847 de la vraie liberté, que nous sommes sur le chemin qui y conduit, tandis que nous étions alors sur le chemin qui en détourne. Je ne me dissimule pas qu'en parlant ainsi, je choque des idées reçues même parmi les bonapartistes, mais je ne crois pas moins être dans la vérité de la situation. Je ne voudrais donc point démontrer que l'Empire c'est la liberté, mais que l'Orléanisme ce n'est pas la liberté.

Il y a dans le vocabulaire politique de la France un certain nombre de mots brillants, mal définis, que tout le monde invoque sans les expliquer et parfois sans les comprendre. Parmi ces mots, le plus brillant, le plus invoqué, mais aussi le moins défini, le moins compris, c'est le mot : Liberté.

Écoutez les orléanistes, écoutez les légitimistes, écoutez les républicains de toute nuance, écoutez les bonapartistes, tout le monde veut la liberté, tout le monde l'aime, tout le monde la chérit. Or, quelle ressemblance y a-t-il entre la liberté, selon *les Débats*, entre la liberté, selon *le Siècle*, entre la liberté, selon *la Gazette*? Qu'y a-t-il de commun entre elles, sinon la prison de Sainte-Pélagie, dans laquelle chaque liberté tour à tour envoie les libertés rivales.

Or, qu'est-ce que la liberté, sinon le droit de tout faire, ce qui implique nécessairement le respect du droit d'autrui, de telle sorte que la liberté, c'est tout simplement l'égalité, c'est-à-dire la démocratie dans sa plénitude.

Si, par conséquent, un gouvernement se place en dehors, au-dessus, si vous voulez, du droit populaire ; s'il est le représentant d'une aristocratie héréditaire ou bourgeoise, il est nécessairement la négation de la liberté. S'il veut être despotique on le renversera au nom de l'égalité et de la liberté, c'est ce qui est arrivé à la monarchie de 1815; s'il veut être libéral, il n'établira que la liberté du privilége et il aboutira à une révolution égalitaire, c'est ce qui est arrivé au gouvernement de Juillet.

Si, au contraire, un gouvernement accepte pour base et pour régulateur le droit populaire; s'il est le représentant du peuple, il doit aboutir nécessairement à la liberté sous peine de déchéance. S'il résiste, il tombe comme le premier Empire; s'il cède, il représente le mouvement révolutionnaire qui, dès son origine, est égalitaire et libéral.

Cela explique pourquoi la France, profondément égalitaire, semble beaucoup moins avide de liberté; pourquoi votre règne est regretté de la bourgeoisie, non du peuple. C'est que votre prétendue liberté était tout simplement le privilége de quelques-uns; c'est que la liberté de vous discuter était aussi bien un privilége de la bourgeoisie que la liberté de ne pas payer l'impôt était autrefois un privilége de la noblesse.

Vous donniez la liberté de la presse; mais en même temps vous en circonscriviez l'usage en frappant d'un timbre les productions de l'esprit, en exigeant un cautionnement élevé de ceux qui vous discutaient.

Vous donniez la liberté de la tribune, mais avec le suffrage restreint, vous en laissiez le monopole à la bourgeoisie et vous en bannissiez les représentants du prolétariat.

Vous donniez la liberté de réunion pourvu qu'elle ne fût pas trop démocratique.

Vous défendiez en principe la liberté économique et vous mainteniez en fait la protection à l'intérieur et à l'extérieur.

En un mot, vous donniez à la bourgeoisie la liberté d'écrire, de parler, de se concerter, de voter, de légiférer contre la démocratie, et vous enleviez à la démocratie toute arme légale de défense.

L'orléanisme n'est point, conséquemment, le représentant de la liberté démocratique, il est le représentant des libertés bourgeoises, des priviléges de la bourgeoisie, comme l'ancienne monarchie était, dans son origine, le représentant des libertés féodales, des droits seigneuriaux. Entre vous et la monarchie du droit divin, il y a seulement cette différence, que la monarchie en constituant son unité avait brisé l'ancienne aristocratie aux grands applaudissements des bourgeois et du peuple, et que vous avez essayé de créer une aristocratie nouvelle basée sur le capital, et que dans ce but vous lui avez cédé une portion de vos prérogatives.

On peut répondre à la vérité que cette nouvelle noblesse est accessible, que tout prolétaire peut y arriver par le travail et par l'épargne, et cela serait juste, si la bourgeoisie ayant le pouvoir, ne légiférait pas de manière à constituer le monopole, comme elle l'a fait pendant son règne par toutes les lois sur l'approvisionnement, sur l'échange et sur le travail. D'ailleurs, aristocratie pour aristocratie, je préférerais encore au point de vue conservateur, eelle de la naissance, car elle a l'avantage incontestable de présenter plus de stabilité.

Quoi qu'il en soit, le règne de l'orléanisme était le règne du privilége bourgeois et il ne pouvait pas être autre chose, issu comme il l'était du suffrage restreint et dirigé par lui.

Qu'on ne dise donc point qu'il représente la liberté et qu'il l'a établie en France : les libertés qu'il nous a léguées avaient si peu de racines dans le sein du pays, qu'il a suffi de quelques lois pour les abroger ; elle s'était tellement exercée contre le peuple, que le peuple, faisant comme tout le monde, une confusion de mots, s'est pris à dédaigner la liberté.

Ah ! puisque vous rendez Napoléon responsable des traités de 1815, de l'humiliation que nous avons alors subie, n'oubliez pas que vous êtes coupable devant l'histoire d'avoir compromis la cause de la liberté, de l'avoir rendue odieuse au peuple et de nous avoir préparé à la dictature.

Mais heureusement, le mal que vous avez fait n'est point irréparable : le peuple, armé du suffrage universel, peut faire connaître sa volonté. Bien assuré de l'égalité politique, il reconnaîtra les avantages de la liberté, et la liberté qu'il réclamera, qu'il obtiendra, sera la liberté démocratique, celle qui a pour base l'intérêt des masses, et qui, par cela même, est à l'abri des réactions parce qu'elle est sous la sauvegarde de tous.

Voilà pourquoi je prétends que nous sommes plus près de la liberté en 1861 qu'en 1847, car aujourd'hui, chaque pas vers la liberté sera nécessairement décisif et définitif, tandis que chaque pas sous votre règne creusait un abîme plus profond entre la bourgeoisie et la démocratie.

Je ne vous adresse donc point ce reproche banal d'avoir fait les lois de septembre, je vous reproche de n'avoir pas pu vous dispenser de les faire, parce qu'un gouvernement anti-démocratique est forcément conduit à limiter la liberté pour arrêter le mouvement démocratique. Je ne constate pas que l'Empire est libéral, je constate qu'il peut le devenir en se fortifiant et que vous ne pouviez l'être sans abdiquer.

Le gouvernement impérial le comprendra-t-il et aura-t-il le cou-

rage d'accomplir jusqu'au bout sa mission révolutionnaire? Je n'ai
pas à l'affirmer, car je ne suis pas son défenseur, mais je l'espérerais
si je ne le voyais trop entouré de vos amis.

III

Car si vous avez énuméré complaisamment les legs faits à la France
par votre dynastie, si vous avez parlé de cette armée qui a cueilli à
Solférino et à Magenta des lauriers que vous ne lui aviez point pré-
parés, vous n'avez point parlé de cette autre armée de fonctionnaires,
de magistrats, d'hommes d'État qui continuent de nous diriger et de
nous juger.

Certes, je ne veux point dire que ces hommes ne soient pas dé-
voués à l'Empire, et que leur zèle de nouveaux convertis ne lui ait
point été fort utile ; mais enfin je constate que jusqu'ici le gouvernement ne s'est point avisé de gouverner avec des personnes se ratta-
chant à son principe et à son origine, et qu'il a plus volontiers recueilli
et collectionné les épaves des gouvernements tombés.

Vous direz que cela prouve en votre faveur ; que vous avez créé
une génération à l'esprit souple, aux principes larges, s'accommodant
de toutes les formes de gouvernement, pouvant servir avec un dévouement successif mais égal, la royauté, la république et l'empire.
C'est peut-être un mérite ; mais vous n'avez pas celui d'avoir fa-
çonné vos adeptes à la liberté, car j'entends dire qu'au Sénat, qu'au
Corps Législatif, que partout enfin, ce sont eux qui s'opposent le
plus volontiers aux réformes libérales. En tout cas, je constate qu'ils
sont partout et que pour employer en la modifiant une de vos for-
mules : l'Empire règne et l'Orléanisme gouverne.

A qui donc devons-nous cette expédition de Rome qui nous a créé
tant d'embarras? A qui devons-nous les discours délibérés en faveur
du pouvoir temporel? A qui devons-nous la résistance au libre-
échange? Cherchez bien, et vous verrez qu'il y a dans tout cela plus
d'orléanistes que de bonapartistes.

Je ne veux m'occuper ici que du Corps Législatif, puisque seul il est
discutable, étant soumis à l'élection. Tant que l'Empire a paru une
expression de la contre-révolution, tant qu'il n'a réclamé que des lois
de sûreté générale, les anciens orléanistes ont été dociles. Vous-même
vous n'avez pas jugé qu'il fût opportun de lancer un manifeste.

Mais à partir du moment où le gouvernement a parlé de libre-échange, où il a entrepris la réparation de l'expédition de Rome, où il a rétabli la tribune, les hommes du passé, ces hommes façonnés par vous à la liberté, se sont élevés contre lui, donnant une main aux protectionnistes et l'autre aux cléricaux. Et vous-même, prince, vous croyez que le moment est bon pour rappeler à l'ex-rue de Poitiers qu'elle a encore des prétendants en disponibilité.

Si, par conséquent, l'Empire, déduisant les conséquences logiques de son principe, veut devenir libéral, il ne le pourra faire qu'en écartant cette armée que vous nous avez léguée pour notre plus grand bonheur.

Vous me permettrez, prince, de ne pas insister sur ce point bien intéressant et qui pourrait fournir plus d'une piquante remarque, car je suis sur un terrain fort glissant, semé de précipices ; car, en outre, il est plus facile et moins dangereux d'attaquer l'Empire que de toucher à certains de ses amis. Je le sais par expérience.

Et du reste, pour éviter toute équivoque, je déclare de nouveau en terminant ce paragraphe scabreux, que je ne mets en doute ni le zèle ni la loyauté de personne ; mais que je crois que des hommes élevés à une école politique en conservent à leur insu des traditions, des allures et des amitiés qui n'ont rien en elles de répréhensibles, mais qui font que si j'étais gouvernement par le droit populaire, je voudrais avoir des ministres, des sénateurs, des députés ayant la même origine, sans mettre en doute pour cela le zèle ou la capacité des autres, et je constate que jusqu'ici le gouvernement impérial a fait précisément le contraire, ce dont je souhaite qu'il se trouve bien.

IV

Si vous avez rendu à la révolution un éclatant hommage par la publication de votre brochure ; vous avez rendu à la cause démocratique un signalé service en faisant connaître l'alliance de l'orléanisme avec les paladins de la Papauté temporelle.

A cet égard, vous n'êtes point très-explicite, vous ne dites pas très-clairement si vous êtes pour ou contre le maintien du pouvoir temporel ; cela peut paraître singulier au moment même où vous accusez le gouvernement impérial de manquer de franchise. On pouvait espérer que vous alliez joindre la pratique à la théorie et lui donner un bon exemple. Vous devez reconnaître que, sur ce point, le prince Napoléon a un grand avantage sur vous, et que s'il n'a point fait la théorie de la sincérité politique, il l'a pratiquée vigoureusement.

Vous, au contraire, vous vous tenez dans une demi-obscurité commode, qui vous permettra d'avoir l'opinion la plus utile à votre parti, quand le moment sera venu de vous décider. Je ne veux point vous en blâmer, d'autant moins que cela est très-conforme aux traditions orléanistes; mais à quoi bon reprocher au gouvernement une indécision que vous partagez.

Si pourtant vous ne dites point votre opinion sur les affaires d'Italie, vous laissez voir de quel côté sont vos sympathies. Vous parlez avec amertume des entreprises de Garibaldi et de Victor-Emmanuel; vous parlez avec une émotion mal contenue des malheurs de l'ex-roi de Naples, de Lamoricière et des martyrs de Castelfidardo. Vos sympathies, cela est visible, ne sont point pour l'héroïque libérateur de l'Italie méridionale, elles sont pour les rois que le suffrage universel a balayé et pour le Pape que la France seule maintient à Rome.

Du suffrage universel, pas un mot, cela va de soi, car ce sont de ces choses qui, pour vous, n'ont aucune importance.

Vous êtes logique, Prince, vous êtes très-logique dans le choix de vos sympathies, et je ne puis que souhaiter à la révolution d'être aussi logique dans le choix des siennes.

Il est une foule d'honnêtes gens, bonapartistes ou démocrates bourgeois, qui les uns veulent du Pape sans vouloir de vous, qui les autres veulent de vous sans vouloir du Pape. Il est bon que les uns et les autres sachent que le catholicisme et l'aristocratie bourgeoise ou féodale sont solidaires, qu'elles se doivent l'une à l'autre un mutuel appui qu'elles ne se refusent jamais.

Vainement un Bonaparte, un neveu « de l'élève de Brienne », enverra une armée rétablir le Pape; vainement il maintiendra à Rome une armée d'occupation; vainement il fera aux grands dignitaires du clergé, aux sociétés religieuses les plus sérieuses concessions; vainement il leur accordera influence, priviléges et dotations; il n'en sera pas moins le neveu de M. de Bonaparte, lieutenant-général des armées de Louis XVIII; le Pape ne versera pas sur son front l'huile sainte; le gouvernement des cardinaux accueillera tous ceux qui voudront conspirer contre lui; on acceptera ses présents, comme les enfants d'Israël mangeaient les oignons d'Égypte, parce qu'il faut prendre tout ce que donne la Providence quel que soit l'instrument de ses décrets; mais on ne l'acceptera lui, que comme un homme de transition, que Dieu retirera comme il l'a donné. Il faut que les gens du suffrage universel en prennent leur parti.

De même une aristocratie bourgeoise ou féodale qui pose en principe l'ignorance de la majorité, qui professe la nécessité de la misère, l'impossibilité de donner au peuple la liberté, une telle aristocratie n'aura jamais de plus sûr appui que la religion de la tache originelle, du renoncement, de l'obéissance passive ; qu'elle soit sincèrement catholique comme un légitimiste, ou voltairienne comme M. Prud'homme, elle sentira, comme disait Paul-Louis Courier : « La nécessité de gouverner le peuple par la morale et la religion. » Et soit par conviction, soit par intérêt, elle se gardera bien d'ébranler l'édifice catholique et la Papauté qui en est la clef de voûte. Entre elle et le catholicisme il pourra y avoir des conflits et des difficultés ; mais brouilles de ménage que cela, et l'on sera vite d'accord quand il s'agira de résister à la vile multitude qui paye tout le monde.

Voilà pourquoi, Prince, vous avez raison d'aimer la Papauté temporelle, mais voilà pourquoi la France démocratique serait bien aise de ne plus l'imposer aux Italiens ; voilà pourquoi Napoléon III, souverain de droit populaire, fait vos affaires quand, soutenu par vos féaux, il fait l'expédition de Rome, tandis que le jour où il entreprend l'expédition d'Italie il fait ses affaires et dérange tous les plans grands et petits de restauration plus ou moins légitime.

Être sincèrement révolutionnaire, tel est donc le lot de l'Empire de même que votre lot est de faire de la contre-révolution. Voilà une moralité qu'on peut tirer de votre écrit, et c'est à ce point de vue que je le prise comme un immense service rendu à la fois au gouvernement et à la démocratie.

V

Si, grâce à une confusion de mots qui est trop générale, vous avez pu présenter la politique intérieure du roi Louis-Philippe comme extrêmement libérale, sans que cela semble trop déraisonnable, je pense que vous avez dû bien vous amuser lorsque vous avez écrit l'apologie de votre politique extérieure comparée à celle de l'Empire.

Certes, je ne suis point enthousiaste de la gloire militaire, car je sais ce que coûtent de liberté et de bien-être les lauriers que l'on va cueillir en courant les périlleuses aventures ; mais j'aime assez qu'un peuple ait le profit des choses lorsqu'il en a les inconvénients.

Par conséquent, le roi Louis-Philippe, qu'on nommait le Napoléon de la paix, avait licencié l'armée, diminué les impôts d'argent, aboli l'impôt du sang, pratiqué le principe de non-intervention, je ne serais point de ceux qui lui reprochent l'indemnité Pritchard, l'affaire du droit de visite et le fameux traité de Londres d'où il fut exclu comme vous savez. Mais est-ce là ce qui s'est passé ? Vous n'ignorez pas que l'armée a été maintenue, que les effectifs ont été augmentés, que les budgets se sont chargés, que l'impôt du sang n'a pas été aboli et qu'en échange de ses immenses sacrifices la France n'a recueilli que des humiliations.

Voilà ce qu'on peut vous reprocher sans amertume, qu'on soit ou non partisan de la paix. On peut vous reprocher, là comme partout, de n'avoir pas pu faire votre choix entre les deux politiques d'intervention ou de non-intervention, et d'avoir inventé ce fameux système de la paix armée qui a coûté des milliards sans donner ni les conquêtes de la guerre, ni les bienfaits plus désirables de la paix.

Vous rappelez, il est vrai, l'intervention en Belgique et la conquête de l'Algérie.

En ce qui concerne les affaires de Belgique, il faut certainement que vous nous croyez bien ignorants de notre histoire pour en tirer vanité. Le gouvernement de Louis-Philippe a rencontré une occasion unique de placer un prince français sur le trône de ce pays qui peut devenir le boulevard d'une coalition ; sans conquête violente, il pouvait, avec un peu d'énergie, acquérir de l'autre côté du Rhin une influence prépondérante ; tout l'y conviait, l'opinion publique en France, l'intérêt national, les vœux des Belges. Or, vous savez ce qu'il a fait de cette situation. Vous appellerez peut-être cela du désintéressement ; mais il y a des instants où le désintéressement ressemble trop au manque de courage.

Je passe aux affaires d'Algérie.

Certes, la Restauration avait fait un legs brillant au gouvernement de Juillet. Posséder une colonie à quarante-huit heures de la métropole, quelle heureuse occasion pour un gouvernement pacifique de réformer le système colonial et d'essayer enfin la colonisation par la liberté. Or, vous ne méconnaîtrez pas que c'est le contraire précisément qui a été pratiqué. Vous savez qu'on a placé l'Algérie sous le despotisme militaire, qu'on a supprimé la vie politique et la liberté de la presse ; vous savez qu'on lui a appliqué le système colonial dans ce qu'il a de plus vicieux, empêchant ses produits de sortir, et la condamnant à consommer des produits français ; vous savez qu'on y a créé les bureaux arabes qui ont envoyé, dit-on, quelques élèves à Paris.

Nécessité de la guerre, direz-vous.

Nécessité soit, si la guerre elle-même était nécessaire ; mais n'a-t-elle point été systématiquement prolongée au delà de toute raison ? Certes, je n'accuse ni le dévouement, ni la bravoure de notre armée qui, là comme partout, était admirable ; mais j'accuse le désir qu'avait le gouvernement de conserver sous la main une fabrique de gloire facile, une machine à émotion. L'Angleterre ne permettant pas qu'on fît la guerre, on jouait aux soldats ; et pour justifier une guerre interminable, un illustre général quadruplait à la tribune le chiffre des populations indigènes. Et c'est de cela que vous vous vantez ! Oubliez-vous donc que toutes les lois économiques qui ont entrepris la constitution de l'Algérie civile, datent de la République et de l'Empire ?

Ce n'est pas que je veuille approuver ce que l'Empire a fait et fait encore pour l'Algérie ; je suis convaincu qu'il méconnaît complétement les besoins de la colonie, qu'il ne s'en occupe point assez, et que c'est un grand mal ; je le sais, et je l'ai répété pendant cinq ans en Algérie et en France, sans autre résultat que d'être mis en prison. Mais je sais en même temps que tout ce qui s'y fait de mal est la conséquence de ce qui y a été fait sous la monarchie de Juillet, et que le plus grand mal, c'est que là encore : L'Empire règne et l'Orléanisme gouverne.

Un moment, un seul, l'Empire a semblé disposé à adopter en Algérie une politique qui lui fût propre : c'est lorsqu'il a créé le ministère spécial de l'Algérie en le confiant au prince Napoléon. Pendant huit mois des décrets, des circulaires ont modifié la situation de l'Algérie, à sa grande satisfaction ; mais au grand mécontentement de la vieille Algérie, des fonctionnaires datant de vous, ce qui a été exprimé en même temps dans les rapports officiels et dans une brochure de M. de Broglie, grâce à l'accord touchant et certainement accidentel qui existe toujours entre les orléanistes annexés et ceux qui ne le sont pas.

Mais, depuis, tout a été rétabli dans les anciens errements par l'honorable M. de Chasseloup-Laubat, successeur du Prince. La presse, les conseils généraux, la population sont rentrés dans le silence après d'inutiles protestations, et maintenant, comme vous dites si bien : « L'ordre règne en Algérie ! »

Et puisque vous étiez en train d'énumérer les hauts faits militaires du règne de Louis-Philippe, que ne parliez-vous des fameux armements de M. Thiers ? Vit-on jamais montagne en mal d'enfants faire plus de bruit pour accoucher d'une souris plus ridicule ? Je le répète, je n'ai point d'enthousiasme pour la guerre ; mais, armements pour armements, j'aime mieux ceux qui aboutissent à un Solférino que ceux qui aboutissent à un traité de Londres.

Ah ! Prince, croyez-moi, s'il vous prend fantaisie de lancer un nouveau manifeste, ne parlez point de la politique extérieure ; ne dites rien surtout des promesses mal tenues ; car la Pologne, frémissante dans son linceul, a encore assez de force pour vous rappeler votre histoire.

VI

En résumé, Prince, votre brochure est une erreur, un anachronisme.

J'aurais compris la publication d'un manifeste hardi affirmant la révolution avec vigueur ou la repoussant avec énergie ; car un tel manifeste aurait groupé dans votre parti les mécontents ou les impatients.

Mais point, vous vous bornez à des questions de personne ; vous rappelez des épisodes très-connus de notre histoire et que personne ne songe à justifier ; au lieu de répondre comme un homme d'État en opposant une politique à une politique, vous aiguisez des mots et des épigrammes comme ferait un petit journaliste. Vous menacez le gouvernement d'une coalition de l'Europe s'il n'est pas sage et vous oubliez que c'est la France que vous menacez.

Des grands principes qui divisent l'opinion, du suffrage universel, du droit divin, de la lutte du catholicisme contre la révolution, du principe de non-intervention, des réformes économiques, pas un mot, si ce n'est pour tendre une main à tous les partis.

Les partis, en effet, voilà votre grande préoccupation, voilà ce qui vous fait commettre un anachronisme.

Vous vous adressez à l'esprit de parti ; vous essayez de grouper les traînards de l'économie politique, les traînards de la philosophie, les traînards de la politique, protectionistes, catholiques et diplomates en disponibilité, et vous ne voyez pas qu'au-dessus de toutes les coteries, il y a deux principes : le principe de la révolution et le principe de la contre-révolution. Vous ne voyez pas qu'il nous faut suivre le mouvement révolutionnaire en le dirigeant ou rétrograder jusqu'à l'inquisition. Vous ne voyez pas que la question est tellement posée qu'il faut savoir choisir. Vous ne voyez pas que vous-même vous posez le terrible problème en constatant l'alliance, la solidarité de toutes les réactions !

Quant à moi, Prince, sincèrement dévoué à la cause de la Révolution, je vous remercie, en son nom, d'avoir posé la question comme vous l'avez fait; et, à ce point de vue, je ne troquerais pas votre écrit contre l'Encyclique du Pape.

Mais je regrette que le gouvernement, un gouvernement issu du suffrage universel, n'ait pas été pénétré envers vous de la même reconnaissance et qu'il ne l'ait point manifestée en reproduisant votre écrit en tête de son *Moniteur*.

Si quelque chose peut me consoler des poursuites commencées, c'est d'abord l'espérance de les voir abandonner par ordre du gouvernement ; c'est en tout cas que si votre manifeste légitimico-orléaniste est condamné devant un tribunal quelconque, ce sera en vertu de lois votées sous la Restauration et sous la monarchie de Juillet, ces gouvernements de liberté.

Clément Duvernois.

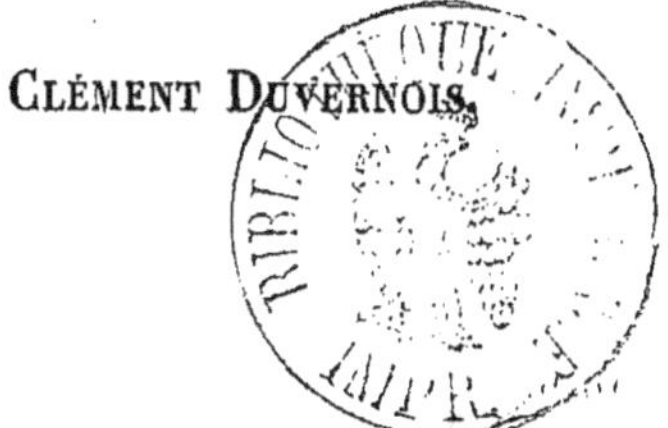

Paris — Imprimerie de L. TINTERLIN et Cᵉ, rue Neuve-des-Bons-Enfants, 3.

www.ingramcontent.com/pod-product-compliance
Lightning Source LLC
Chambersburg PA
CBHW071650030726
47598CB00005B/2072